十全天子——乾隆

◎ 主编　金开诚

◎ 编著　张　皓

吉林出版集团有限责任公司

吉林文史出版社

图书在版编目（CIP）数据

十全天子——乾隆 / 张皓编著 . 一长春：吉林出版集团有限责任公司，2011.4（2022.1 重印）

ISBN 978-7-5463-5058-5

Ⅰ . ①十… Ⅱ . ①张… Ⅲ . ①乾隆帝（1711 ~ 1799）－生平事迹 Ⅳ . ① K827=49

中国版本图书馆 CIP 数据核字（2011）第 053515 号

十全天子——乾隆

SHIQUAN TINZI QIANLONG

主编/金开诚　编著/张　皓

项目负责/崔博华　责任编辑/崔博华　邱　荷

责任校对/邱　荷　装帧设计/李岩冰　刘冬梅

出版发行/吉林文史出版社　吉林出版集团有限责任公司

地址/长春市人民大街4646号　邮编/130021

电话/0431-86037503　传真/0431-86037589

印刷/三河市金兆印刷装订有限公司

版次/2011 年 4 月第 1 版　2022 年 1 月第 5 次印刷

开本/650mm×960mm　1/16

印张/9　字数/30千

书号/ ISBN 978-7-5463-5058-5

定价/34.80元

前　言

　　文化是一种社会现象，是人类物质文明和精神文明有机融合的产物；同时又是一种历史现象，是社会的历史沉积。当今世界，随着经济全球化进程的加快，人们也越来越重视本民族的文化。我们只有加强对本民族文化的继承和创新，才能更好地弘扬民族精神，增强民族凝聚力。历史经验告诉我们，任何一个民族要想屹立于世界民族之林，必须具有自尊、自信、自强的民族意识。文化是维系一个民族生存和发展的强大动力。一个民族的存在依赖文化，文化的解体就是一个民族的消亡。

　　随着我国综合国力的日益强大，广大民众对重塑民族自尊心和自豪感的愿望日益迫切。作为民族大家庭中的一员，将源远流长、博大精深的中国文化继承并传播给广大群众，特别是青年一代，是我们出版人义不容辞的责任。

　　本套丛书是由吉林文史出版社和吉林出版集团有限责任公司组织国内知名专家学者编写的一套旨在传播中华五千年优秀传统文化，提高全民文化修养的大型知识读本。该书在深入挖掘和整理中华优秀传统文化成果的同时，结合社会发展，注入了时代精神。书中优美生动的文字、简明通俗的语言、图文并茂的形式，把中国文化中的物态文化、制度文化、行为文化、精神文化等知识要点全面展示给读者。点点滴滴的文化知识仿佛颗颗繁星，组成了灿烂辉煌的中国文化的天穹。

　　希望本书能为弘扬中华五千年优秀传统文化、增强各民族团结、构建社会主义和谐社会尽一份绵薄之力，也坚信我们的中华民族一定能够早日实现伟大复兴！

目录

一、皇位继承人

　　爱新觉罗·弘历，生于康熙五十年（1711年），雍正帝第四子，是清朝第六任皇帝，入关后的第四任皇帝。即位前被封为宝亲王，开始参与军国要务。雍正十三年（1735年），雍正帝临终前把皇位传与弘历，是为乾隆帝。乾隆帝儒雅风流，精于骑射，一生著文吟诗，笔墨留于大江南北，其诗作竟达四万二千余首，几与《全唐诗》相埒。乾隆三十八年（1773年）乾隆皇帝下令编纂《四库全书》，历时九年成书，是当时世界上最为庞大的百科全书。并且乾隆帝自认在军事上也很有成就，因此自称"文治武功十全老人"。

乾隆皇帝在位六十年，此期间是中国封建社会政治、经济、文化诸方面经过漫长沉淀之后的集大成的时代。乾隆即位后，以"宽猛相济"的理念施政，先后平定新疆、蒙古，还使四川、贵州等地继续改土归流，人口不断增加，突破了三

亿大关，约占当时世界人口的三分之一，统治期间与康熙、雍正三朝合称"康雍乾盛世"（或称"康乾盛世"）。

雍正十三年（1735年）八月二十三日凌晨，雍正帝胤禛死于圆明园寝宫。他在位十三年，终年58岁。在他刚即皇帝位时，鉴于其父康熙帝玄烨预立太子和诸皇子争夺皇位继承权的弊端，于雍正元年（1723年）八月召集御前王公大臣等宣谕密建储位之法——他秘密地写好皇四子、宝亲王弘历为皇位继承人的诏书，将诏书封存在建储匣内，放置在宫中最高处、世祖皇帝御书的"正大光明"牌匾后面；又另写同样的密旨藏在内府，以为他日驾崩后核对。雍正帝死后，顾命重臣打开建储匣，与密藏于内府的遗命核对无误，于是，皇四子、宝亲王弘历即皇帝位，成为清朝入关后的第四代皇帝，改年号为乾隆元年。

弘历于康熙五十年（1711年）八月十三日出生于雍和宫东书院如意室。他的母亲钮钴禄氏是胤禛的侧福晋（庶妃），后册封为孝圣宪皇后。史籍记载：弘历少年时"天资凝重"，6岁即能诵读宋人周敦颐的《爱莲说》。他的祖父康熙帝玄烨于雍亲王府牡丹台初见他时就非常喜爱，认为这孩子有福气。11岁时被携回宫中抚养，康熙帝命自己的妃子提携看视，比其他诸皇孙更受恩宠。弘历年轻时曾受到几位叔父的教诲，"学射于贝勒胤禧，习火器于贝勒胤禄"。他曾跟随康熙帝玄烨到木兰围场打猎。一次，康熙帝玄烨用火枪把一头熊打倒在地，命弘历再用箭射死它，想让自己心爱的

皇孙在王公大臣面前表现出非凡的勇敢和娴熟的武艺。弘历上马，此时，这头熊突然站立起来，企图反抗，弘历迅急发箭将熊击毙。猎罢归来，玄烨对诸妃嫔谈起此事，

大家都对弘历临危不惧的表现惊叹不已。弘历在上书房读书时，受业于大学士张廷玉等人，师父教导他要懂得"君德修明，唯在躬行实践，不徒尚喋喋讲论之虚文"，因此他从小就比较明理豁达，注重务实。17岁时居住在重华宫，将自己的书室命名"随安"，取"随遇而安"之义。雍正十一年（1733年）二月，弘历受封为宝亲王，参与军国大事。

弘历自称"幼读诗书，颇谙治理"。他阅读《贞观政要》一书，十分赞赏唐太宗及其臣僚的"嘉言善行"。他即位时年方25岁，"春秋方富，年力正强，乃励精图治之始"，很想有一番作为。当时胤禛

暴死，京师谣言迭起，他以免使"皇太后闻之心烦"为由，下令严禁宫内太监妄传国家政事："凡外间闲话无故向内廷传说者，定行正法。"胤禛生前迷信鬼神，喜言祥瑞，也有传言他是祈求长生、服食丹药而死。弘历将其信奉的"炉火修炼"术士张太虚、王定乾等从西苑逐出，并告诫他们和曾在内廷行走的僧人，以后不许妄言

胤禛生前行事；他还将胤禛生前命令赦免的曾静、张熙处死。与此同时，传旨各省提督、总兵等大员，有他不曾见过的，都要陆续进京。令出必行，使胤禛死后受到震动的政局立即稳定下来，显示出年轻的乾隆帝刚刚登上皇位时使臣下敬畏的魄力。

二、对内治理

（一）整顿吏治

乾隆时期，天下太平日久，官员腐化日益加深，乾隆帝为了维持清王朝的鼎盛局面，不得不用很大的精力来选拔官吏，惩治贪污，澄清吏治。他从祖父康熙帝、父亲雍正帝的统治经验中得益不少，但是官场的贪风并未收敛，吏治废弛，日甚一日。

清朝的官吏来源主要有两个途径，

一是科举考试，一是捐纳。康熙帝为了延揽学行兼优、文词卓越的人才，特别是作为对汉族知识分子的笼络，于正科之外，增加特科，如博学鸿词科、经学特科、孝廉方正科；历次南巡，还有特别召试。乾隆帝仿效其成例，于乾隆元年举行博学鸿词科，以后还有皇太后万寿恩科，南巡时也召试士子，赐给出身，使一批有才华的读书人以文获进。他比较重视从科学考试中选拔人才，曾经多次亲临贡院，巡视号舍，看到考场矮屋风檐，士子条件清苦，便命发给考生蜡烛木炭，准许入场时携带手炉以温笔砚，还关心考场的伙食。因为会试正值京师严寒，曾命延期三个

月以待春暖。至于捐纳，乾隆朝规定可捐至道府、郎中，武官可捐至游击，贡、监生都可以用钱捐得。乾隆帝本人起初是不赞成捐纳制度的，但金川之役，为了解决军饷，出师之始就开买官捐纳之例。乾隆以后，随着清朝的衰落，捐纳制度日益泛滥，成为一大弊政。

乾隆帝自称"用人之权，从不旁落"，大臣的任命，都出于自己的裁夺。他召见大臣，往往随手记下观察得来的印象，作为日后用人的参考。他也要求臣僚荐贤举能，但对于滥举官员的，无论满汉大臣，都要受到严厉谴责或处分。乾隆三十一年（1766年）上谕中规定，督抚考核官员，三年一次，京官称为"京察"，外官称为"大计"，经过考核，将不称职的官吏分年老、有疾、浮躁、才力不及、疲软无力、不谨、贪、酷八种给予不同的处置。乾隆帝认为这是鉴别人才的大典，一定要认真执行。他连篇累牍地训斥部院堂官和督抚的姑息徇私之习，要求在"京察""大计"中秉公查核。乾隆十八年（1753年）以后，多次对"京察"各官亲自裁定。以后又宣布对过去一向不考

核的各省其他官员亦须考核，并传谕京官可以密折奏闻所属官吏是否贤德。乾隆四十八年（1783年）规定，"京察""大计"中保举的卓异官如发现有犯赃行为，原保荐上司要受到议处。有资料统计，乾隆一朝，在考核中因"不谨""罢软"而被革职的，因"老""疾"被勒令"休致"的，因"才力不及"和"浮躁"而被降调的，合计达到六千多人，这在中国封建社会的政治史上也是少见的。

乾隆帝认为，提补官员，应当选择"年力精壮、心地明白者"，因而屡次对提补年老或是隐瞒提拔大臣年龄的官员

从重处罚。他强调指出，衰庸老官"留一日即多误一日之事"，特制定八旗武职年老休致例和各类衰惫老官休致例。乾隆二十二年（1757年）和乾隆三十三年（1768年）分别规定部院属官55岁以上要详细甄别，"京察"二三等65岁以上要带领引见，"候朕鉴裁"。对于边疆办事司员，年过60以上就不许保送。他非常重视文官中的知县、武官中的总兵的年龄结构，因为"知县为亲民之官，一切刑名、钱谷、经

手事件，均关紧要，自不便以年力就衰之人挺其滥竽贻误"；"总兵有整饬营伍、训练兵丁之责，岂可任年老衰颓之人因循贻误"。只有漕务职司可以"稍有区别"，其他任何"亲民之官"均不得以任何理由留于原任。

乾隆帝对自己身边的文臣要求更加严格。他即位后的第二年，在上谕中提出："翰林乃文学侍从之臣，所以备制诏文章之选，朕看近日翰、詹等官，其中词采可观者固不乏人，而浅陋荒疏者恐亦不少，非朕亲加考试无以鼓励其读书向学之心。"他亲自命题、阅卷，命"自少詹讲读学士以下，编修检讨以上"皆要参加，且不许"称病托词"，考试后按其优劣分别升降。这样的考试曾举行过多次。

（二）蠲免天下钱粮

乾隆皇帝非常强调预防自然灾害给农业生产带来的重大损失。他很注意水利建设，特别重视治理黄河。乾隆时期，解决黄河水患的关键工程在清口（今江苏淮阴西）、高家堰。清口地处黄淮交汇处，为河防要地，乾隆皇帝多次到这里勘察水情，亲自部署整治河道，对治导、疏浚、护岸等项工程做出了一些重要的决策。水利建设的另一项大工程是海塘的修建，这是雍正时期就开始的。乾隆皇帝在位时，在江苏境内修建了自宝山至金山的"块石篓塘"，在浙江境内修建了自金

山至杭县的"鱼鳞石塘"，在钱塘
江南岸也修建了许多石塘和土
塘。这些工程有力地保护了
江浙一带富饶之区，使大
片良田不致受到海潮的侵
袭，对促进农业生产大有
益处。

　　乾隆皇帝比较关心人民的疾
苦。他认为，旱灾是逐渐形成的，可以防
治在先；水灾则习骤至陡发，一旦洪水猝
至，田禾浸没，庐舍漂流，生命财产荡然
无存。他要求地方官员在水旱灾害发生
后，一定要亲临灾区踏勘，"视百姓之饥
寒为己身之疾苦，多方计议，此则封疆大
吏之责无旁贷者"。他解决灾荒的措施大
致有以下几种。

　　蠲免钱粮。因水旱灾害减免赋税的
政策和范围，比康熙、雍正年间有所扩
大。康熙、雍正时，被灾五分以下不免。
乾隆皇帝说："田禾被灾五分，则收成

仅得其半，输将国赋未免艰难，嗣后著将被灾五分之处蠲免十分之一，用著为例。"除了因灾蠲免，还有国家有重大喜庆的恩蠲。乾隆皇帝在位六十年，三次普免全国钱粮。

赈济。乾隆皇帝说："查赈之方在于无遗无滥"。灾情勘实以后进行赈济，分为极贫、次贫等级别。极贫之户，于冬初先行赈济；其次则到寒冬，又次则待明春青黄不接之时。按照定例，极贫之户赈四个月，次贫者赈三个月，又次贫者赈两个月。有时候也酌情放宽，如乾隆四年（1739年）正月，因前一年江苏受灾，上谕称："三四月间正青黄不接之际，著将

极贫之民加赈一个月，上江（今安徽省）去年歉收较下江（今江苏省）为甚，著将被灾五分以下之州县加赈极贫、次贫者一个月，被灾四分以下之州县加赈极贫一个月。"雹灾向无赈济之例，偶尔也有例外。

此外，还借给灾民口粮、种子、耕牛价银，一般不计利息，约期归还；也有以后蠲免不还的。在可以安排劳力的地区（如河工），还有以工代赈等措施。与此同时，鼓励商贩从事粮食运销。商人到歉收之省运销粮食，可以免米税。如直隶因灾歉收，令将经过山东临清、天津两关装载米豆之船免其纳税。浙江歉收，由芜湖、浒墅、北新三关前往浙江的外省米船一律免税。甚至可以开海禁调剂粮食，如允许奉天、直隶、福建、浙江等沿海省份商人贩运豆麦由海口转入内河。乾隆皇帝曾说："严禁米谷出洋，原以杜嗜利之徒偷运外洋，若出口、入口均系内地，自应彼此流通，岂可因噎废食？"

在封建社会，旱灾、涝灾、蝗灾等自然灾害，是连年不断的常见现象。乾隆皇帝能够把预防自然灾害和赈灾救荒放在重要地位，反映他比较重视黎民生计。这些措施如果认真办理，对于减轻灾情、度过荒年歉收，是有积极作用的。但由于封建社会晚期的种种弊病，政治腐败，各级

官吏层层中饱私囊，自然灾害仍不免造成人民生命财产的重大损失。乾隆皇帝只好以"自古救荒无善策"来自解。至于蠲免钱粮，首先是对业主有利，对拥有少量土地的自耕农和无地的佃农，虽然多少也减轻了一些负担，但不能从根本上改变他们贫困的处境。乾隆中叶以后，封建统治由盛转衰，水利失修，广大农村灾害频发，流民遍地，使得社会矛盾更加尖锐。

（三）注重生产

乾隆皇帝秉承康熙、雍正两朝的施政，比较重视农业生产。他相信"民为邦本，食为民天"。"务本足国，首重农桑"。因此，他非常关心农事收成，关心水、旱、风、雹、虫等自然灾害，关心各地雨水、粮价。他深知年景丰歉、粮价涨落直接关系到社会秩序的安定和封建统治的巩固。他遵守前两代皇帝的成例，命令各地大员必须定期向他报告天气情况、庄稼长势、谷物商情，隐瞒灾情是要受到

严重处分的。如遇到天时久旱不雨，他便要到天坛、社稷坛、黑龙潭去祈雨。旱情严重时，要"下诏修省"，斋居，素服，不乘辇，不设卤簿，步行去求雨，同时命刑部清理庶狱，减刑，乃至命群臣"直言得失"。在他一生中，写下了许多诗文，有不少就是"喜雨""报雪"等即兴吟咏之作，反映了他"崇敦本业"的思想。

在发展农业生产中，乾隆帝还十分注意提高耕作技术。他曾经比较我国南北方耕作技术的差异，认为北方

粗放，南方精细，因此在上谕中说："北方五省之民，于耕耘之术更为疏略，一谷不登即资赈济，斯岂久安长治之道？其应如何劝诫百姓或延访南人之习农者以教导之。"有的地区遍地皆桑，但不知蚕丝之利，乾隆帝责成地方官雇募别省种棉织布、饲蚕纺绩之人设局教习。为保持水土，乾隆帝还提倡植树，上谕说："朕御极以来，轸念民依，于劝农教稼之外，更令地方有司化导民人时勤树植，以收地力，以益民生。"在治河、海塘等项工程中，他都嘱咐要多种树木。乾隆帝还经常训勉各地方官员要不误农时。

乾隆皇帝提倡开垦荒地。乾隆十一年（1746年）三月为此发布的上谕称："各省生齿日繁，地不加广，贫民资无生策，无论边省内地，零星土地听民开荒。"其实广东有山场地七万多亩，他鼓励该地人民耕种，一概免其"升科"，并责令地方官给予印照，垦荒者可以永世为业。贵州的荒地也少，他要求"穷民无力垦种者官给工本，分年扣还；豪强阻抑者，官给执照"。《熙朝纪政》一书载有清代垦田数字，雍正二年（1724年）全国垦田6837900余顷，乾隆三十一年（1766年）全国垦田7915200余顷，增长了50%有余。

端居憧孒清且闲坟人颔老如
秋山三年一别各千里者梦时
到青云间丁宁一语为寄透
是辜荣何曾晚豰鱼咋妻波
时川葛鸿又见意荒徽南园
诗人叟已霜枝藜徙俯当斜
阳斜阳七似解人言云端坊
四休光黪凉生底淡日树
多抡峤山一隻题诗遥寄窠

沈额奉芩

（四）大兴"文字狱"

文字狱自古以来就是统治者借挑剔文字的过错而兴起的大狱。清朝文字狱的兴起旨在震慑反清势力，维护清政府封建统治，其特征是：罪状由掌权者对文字的歪曲解释而起，证据也由掌权者对文字的歪曲解释而成。一个单字或一个句子一旦被认为诽谤元首或讽刺政府，即构成刑责。文字狱清代自顺治初就有，经过康熙、雍正两朝，到乾隆时期更为苛细频繁，案件比前朝合计增加了四倍以上。其株连的广泛，惩治的严酷，都大大超过了前两朝。

乾隆朝的文字狱，除了少数几起是追查清初文人著作中流露的反清思想外，大部分是望文生义，捕风捉影，任意罗织罪状，滥杀无辜。乾隆十八年（1753年），乾隆屡次到江南游历，民不聊生。江西长淮千总卢鲁生假借工部尚书孙嘉淦名义撰写劝止乾隆再下江南的奏章，辞意悲切，全国广为传颂。案发后卢鲁生被乾隆帝千刀万剐，两个儿子被处斩，受牵连定罪下狱的有一千多人。乾隆二十年（1755年），内阁大学士胡中藻所著《坚磨室诗抄》中有诗句"一把心肠论浊清"，乾隆帝认为他故意把"浊"字加在国号"清"字上，居心叵测，并认为试题是讥讽皇上，将胡中藻处斩；胡中藻的座师鄂尔泰已故，命人将他撤出贤良祠；鄂尔泰的侄子鄂昌因和胡中藻有交往，也被株连问罪，后来又因他的《塞上吟》诗中，称蒙古为胡儿，说他"忘本自诋"，令其自尽。乾隆二十九年（1764年），秦州知州赖宏典向北京官员请托谋求升迁，信里说"点将交兵，不失军机"，乾隆认为他明目张胆谋反，于是下令将他砍头。乾隆四十三年（1778年），江苏东台诗人、原翰林院庶吉士徐骏早已去世，遗著《一柱楼诗》中有"清风不识字，何故乱翻书"；"举杯忽见明天子，且把壶儿抛半边"。乾隆认为"壶儿"就是"胡儿"，显然诽谤政府，嘲讽满清没文化。乾隆帝下令将徐骏剖棺戮尸，儿孙和地方官员全部斩首。乾隆非常赏识内阁大学士沈德潜，作诗常请他删改，乾隆作不出诗时还请他秘密代笔。沈德潜死后，乾隆命他的家人进呈沈的诗集，发现他把代乾隆捉刀的诗也收录其中，这对乾隆的虚荣心是一个极大的打击。恰好诗集中有《咏黑牡丹》一首，有诗句"夺朱非正色，异种也

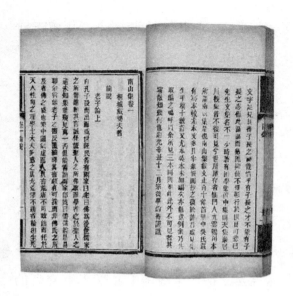

称王"。乾隆认为是影射入主中原的满族为"异种",下令将沈德潜剖棺戮尸。乾隆四十六年（1781年），致仕在家的前大理寺卿尹嘉铨所著书中自称"古稀老人"，又有句说"为王者师"。乾隆说"我自称古稀老人，早已布告天下，他怎么也敢自称古稀老人？"于是下令将其绞死。康熙时，戴名世的著作《南山集》，被当局认为有"政治问题"，遭到严惩，主犯戴名世被杀头，株连亲戚朋友几百人。五十多年以后，乾隆皇帝再次旧事重提，利用

"南山集案"大兴冤狱，杀害了年逾古稀的举人蔡显，株连二十四人。

文化专制的突出表现就是大兴文字狱，文字狱是封建专制统治空前强化的产物。其根本目的是要在思想文化领域树立皇帝至高无上、生杀予夺的绝对权威。它对知识分子的诗文吹毛求疵，捕风捉影，无中生有，上纲上线，动辄杀头抄家充军，造成了政治上和学术上窒息的局面。读书人不敢议论时政，不愿意探讨与现实关系密切的义理经济，而把时间和精力用在古代典籍的整理上，寻章摘句，以逃避现实。乾隆帝统治后期，各地人民纷纷起义，使他注意力转移，顾不上在文字狱上吹毛求疵，不得不放松文网，文字狱才逐渐减少。

三、发展文化

（一）自身文化造诣

乾隆帝重视文物典籍的收藏与整理，清宫书画大多是他收藏的，令将内府珍藏编成《石渠宝笈》《西清古鉴》等。乾隆帝本人同时也是陶瓷艺术的爱好者，在其统治期间，中国的陶瓷工业有了长足的发展。直至今日，一些乾隆朝的收藏品和陶瓷宫廷用器还为故宫博物院、伦敦大卫基金会所收藏。

乾隆皇帝自幼就接受汉族传统文化教育，四书五经、诗词歌赋、书法绘画，无一不精，文化修养很高，执政后也十分重视文化建设，"稽古右文，崇儒兴学"。他对于书法的嗜好和倡导，比之祖父康熙更胜一筹，历经数年，刻意搜求历代书法名品，御览、御批、钦定多部传世藏帖，集我国历代书法艺术之大成，特建"淳化轩"藏《淳化阁帖》，一时帖学之风大炽。大学士梁诗正等赞曰："皇上性契义爻，学贯仓史，每于万机之暇，深探八法之微。宝翰所垂，云章霞采，凤翥龙腾。综百氏而集其成，追二王而得其粹。又复品鉴精严，研究周悉，于诸家工拙真赝，如明镜之照，纤毫莫遁其形。仰识圣天子好古勤求，嘉惠来学，甄陶万世之心，有加无已。"

乾隆的书法从学习赵孟頫入手。乾隆本人雅赏赵孟頫的书法，心慕手追，身体力行。游览名胜每到一处，作诗纪胜，

御书刻石，其书圆润均匀，在宫中、御园、名胜古迹、寺庙等几乎到处可见其墨迹，至今海内乾隆御碑甚多，其擅书之名早已远播。

从他的书法作品中可以发现，书学起步仍是康熙时流行的宫廷书法，后在承学各家中选定赵孟頫丰圆肥润的书法。从存世的乾隆书迹看，他的字字体稍长，楷书中多有行书的笔意，行书中又往往夹杂着草书的韵味，点画圆润均匀，结体婉转流畅，缺少变化和韵味，并无明显的成就，这或许体现出一代天子的气度，评者称其"虽有承平之象，终少雄武之风"。

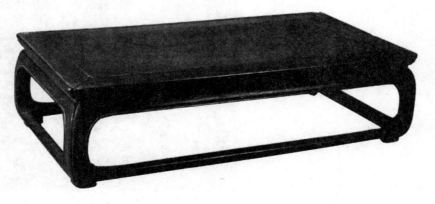

（二）编写《四库全书》

清王朝竭力吸收并利用汉族的思想文化，以巩固封建统治。为了笼络汉族知识分子，表示"稽古右文，崇儒兴学"之意，康熙、雍正、乾隆时都网罗大批的知识分子，大规模地搜集、编纂和注释古代典籍。

最大规模的编书是乾隆朝所编写的《四库全书》。乾隆后期，由于社会阶级矛盾日益尖锐，乾隆帝渐渐改变以前打压下级知识分子的做法，转而拉拢。他

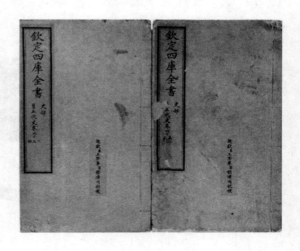

将大量知识分子召集到一起编撰了大型典志书《续典通》《续志通》和《续文献通考》。最突出的文化成就是在全国范围内征集图书，以著名文人纪昀为总裁，组织了包括戴震、姚鼐和王孙念等人在内的三百六十余人，历时十五年，编写了我国历史上规模最大的丛书——《四库全书》。乾隆三十七年（1772年），安徽学政朱筠奏请自《永乐大典》中辑录古代典籍，乾隆皇帝亲自批准设置四库全书馆，准备以十年时间，集中大批人力物力纂修一部规模庞大的丛书《四库全书》。编纂工作从乾隆三十八年（1773年）开始，至乾隆五十二年（1787年）《四库全书》缮写完毕，历时十多年，以后又校对错误缺漏，并补充了一批书籍进去，直至乾隆五十八年（1793年）编纂工作才全部完成。它基本上包括了我国历代的重要著作，分经、史、子、集四部，共收图书3457种，79070卷，包罗宏大，丰富浩瀚，收录书籍远远超过历史上任何一部官修的大类书，《四库全书》共36000卷，其卷数是《永乐大典》的3倍，篇幅之多可谓集我国古籍之大成。该书对以往学术作了较全面的总结，保留了大量有价值的古籍，对古籍整理和总结文化遗产有一定贡献，成为我国古代思想文化遗产的总汇。

《四库全书》共缮写七部，分藏于宫中文渊阁、圆明园文源阁、沈阳文溯阁、承德避暑山庄文津阁和扬州文汇阁、镇江文宗阁、杭州文

澜阁。文渊、文源、文津、文
溯称为"内廷四阁"，又称为
"北四阁"，大臣经过批准
可以查阅。文汇、文宗、文澜
被称为"江浙三阁"，又称为

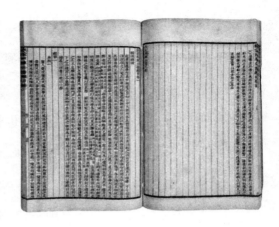

"南三阁"，乾隆帝南巡时谕
令准许读书人前往抄阅，但不
得私自携带出阁。还有一部副本藏于翰
林院。可惜圆明园文源阁本毁于英法联
军之役，翰林院副本毁于八国联军之役，
扬州文汇阁、镇江文宗阁藏本毁于太平
天国战火。原在承德避暑山庄文津阁的
一部最完整，现藏于北京图书馆。

　　在编纂《四库全书》的同时，乾隆
帝命人对全国书籍做了一次大规模的检
查、查禁、销毁和删改。在开设四库全书
馆征求天下遗书的第二年，即乾隆三十九
年（1774年），上谕中提出："明季末造，
野史甚多，其间毁誉任意，传闻异词，必
有抵触本朝之语。正当及此一番查办，

尽行销毁，杜遏邪言，以正人心而厚风俗，断不宜置之不办。"此后，在各地遍贴圣谕，劝令藏书之家呈交"违碍"书籍；官府也派人到各地查访，对各类书籍进行甄别，将查到的禁书送往北京；四库全书馆也从采进本中查寻禁书。这些禁书由乾隆帝过目批准后，在武英殿前投炉烧毁。

所谓"悖逆"和"违碍"书籍，开始时是指明末清初史书中对于清代不利的一些记载，如清人进关后，对前世为明代臣仆，受过明代册封等都不愿意提起，甚至禁止称入关前为"建州卫""女真"。乾隆帝有意要湮灭这些史迹，同时要禁绝明末清初一些思想家、文学家，如顾炎武、黄宗羲等人著作中的民族意识和进步思想。以后查禁书的范围有所扩大，从明人著作只要"议论偏谬尤甚者"也在查禁之列。后来稍稍放宽，著作中只要"改易违碍字句"，可以不用销毁。

乾隆四十七年（1782年）十一月，正式颁布了四库全书馆拟定的《查办违碍书籍条款》，以后还陆续颁布一些补充规定。在查缴禁书中，有二十多人的著述被焚毁，其中有吕留良、屈大均、金堡、戴名世、尹嘉铨等。不但把这些书烧了，还要追查印书的版片。乾隆帝共下令烧毁了多少书籍，当时没有精确的统计，后世有人据《禁书总目》《办理四库全书档案》等史料考证，销毁的书籍达到三千余种，六七万部以上，这是乾隆帝打着"文治光昭"的旗号干的愚蠢之事。

四、巩固边疆

乾隆帝自称文治武功为古今第一人，在"武功"方面，乾隆时期也号称极盛，先后有两次平定准噶尔之役，回疆之役，大、小金川之役，两次廓尔喀之役，缅甸之役，安南之役等。

乾隆帝对这些战役都非常重视，亲自遴选将帅，批示奏章，每克一敌一城，都要举行盛大的仪式，祭告宗庙，大赏有功的将士；又在紫禁城建紫光阁，将一些在战役中有功之臣绘像于其上，赋诗立传，极尽渲染之能事。

其中对历史影响最大的是西北方面的军事行动，密切了中原与少数民族的关系，加强了中央集权。

（一）平定西北

蒙古准噶尔部首领噶尔丹被康熙击败后，他的侄子策妄阿拉布坦在西北仍拥有很大的势力，控制了新疆、西藏、青海等地，并时常煽动这些地区的少数民族与清廷为敌。策妄阿拉布坦死后，其子噶尔丹策零继续统领其众。乾隆时期，遇上蒙古准噶尔部内乱的大好时机，1755年，乾隆帝亲率大军，前往西北镇压一贯时服时叛的准噶尔部叛乱。由于乾隆准确判明形势，分兵而进，准噶尔军纷纷投降。清军兵不血刃进入伊犁，随后在南疆维吾尔族人民支持下，将逃往南疆叛乱首领达瓦齐抓获。乾隆将其押往京城，却在痛斥其叛乱行径后，不但赦免其罪行，还封其为亲王，并留他在京城居住。此举得到西北各少数民族拥戴。噶尔丹策零外甥阿睦尔撒纳降而复叛，清朝政府在1757年第二次出兵，终于完全清除了准噶尔部的反叛势力。这场战争，从噶尔丹时代算起，持续了近七十年。

准噶尔部平定之后，维吾尔族的首领大和卓木、小和卓木回到新疆，策动维族各部反清。乾隆被迫第三次对西北用兵，这场战争延续了三年，终于迫使大、小和卓木逃亡国外。随后，乾隆帝设置伊犁将军，并在喀什等地设参赞大臣、领队大臣等职位，同时大幅减轻了维族地区的赋税负担。西北一百九十多万平方公里的土地，终于巩固在中央政权之下。

（二）征讨西南

1747年和1766年，乾隆帝先后对大小金川用兵（大金川、小金川），都取得胜利；但是也打得十分艰苦，两次反叛总共持续了近三十年，贯穿了乾隆统治期的中段。乾隆两杀主帅，耗银七千余万两，才压服了这里的反对势力。乾隆帝反对对西藏用兵，坚持以达赖喇嘛管理西藏地区，并派遣军队以维持主权。此后清军

曾远征缅甸和尼泊尔，迫使其承认自己的宗主国地位。

1791年，廓尔喀（今尼泊尔）进犯西藏，到处烧杀抢掠，使西藏人民遭受了极大灾难。乾隆帝立即派福康安和海兰察率军迎击，并很快将廓尔喀逐出西藏。事后，乾隆帝反思西藏行政体系弊端，遂命福康安与达赖、班禅共同制定西藏善后章程，这就是著名的《钦定西藏章程》。

　　乾隆帝对西藏的治理是康乾盛世一项主要的内容,它有力地维护了祖国的统一和多民族国家的发展,为中华民族大家庭的共同进步谱写了动人的乐章。从乾隆治理西藏的做法和特点入手,可为巩固社会主义民族关系提供借鉴。《钦定西藏章程》 二十九条协议章程,是西藏历史发展上具有划时代意义的文件,有人认为它标志着清朝对西藏的统治从

此"进入全盛时期"。乾隆帝在其中扮演了主要角色，起了决定性的作用：清廷首次整顿西藏经济秩序；把西藏地方的财政大权收回，由中央进行监督管理，并实行财政补贴； 实行广泛的蠲免赋税政策，减轻西藏人民的负担。如废止私用乌拉差役，减轻农牧民的徭役负担。清除不合理的差税，减轻边寨人民的负担。蠲免历年积欠赋税钱税，抚恤赈济灾民。核查官庄各项定额，限制领主代理人剥削超额地租；改革地方币制，自铸西藏银币。促进西藏经济和贸易的繁荣发展；改革对外贸易政策，由驻藏大臣合理管制内外商贸；对贸易实行合理课税，增加财政收入。注重利用外贸服务西藏民生；改善藏军的后勤供应，减轻西藏地方的财政负担。

（三）对越战争

1787年，越南爆发西山三兄弟起义，末代黎朝国王出逃，寻求帮助以恢复他在升龙府（今河内）的统治。乾隆帝应允了他的要求并派出大批军队帮助他平定起义。1788年，清朝军队攻克了升龙府，但几个月后的春季，便遭到了阮惠及其所部发动的强烈攻势而再次沦陷。此后的九十年中，对于越南事务和黎王及其家族，清政府只是作了外交上的保护。

乾隆的军事扩张给清朝增添了数百万平方公里的疆域，也带来了许多少数民族——哈萨克族、鄂温克族和蒙古族等。军事扩张也占用了帝国庞大的国库开支，这也成为清末国力衰弱，面对西方列强时清政府束手无策的一个间接原因。

（四）对苗疆事务处理

雍正年间，在鄂尔泰主持下，在云南、四川、贵州、广西、湖广等地区实行"改土归流"。这是一次重大的社会变革，具有积极意义，然而后果难测。"改土归流"后，原有土司的势力仍然存在，而地方官征粮不善，雍正十三年便发生了大规模苗乱。

为平息这次苗乱，雍正下旨成立了办理苗疆事务处，并调湖南、湖北、广东、广西、云南、贵州六省兵进行围剿，然而，因文武将官不睦，指挥欠佳，日久无功，苗患日炽，鄂尔泰因此引咎辞职，削去伯爵。雍正本人对"以安民之心，而成害民之举"的结局，亦有些犹豫不定，甚至想要接受张照所提出的"弃置"的想法，直到他驾崩，问题未得解决。

乾隆帝登基伊始，便表明决不"弃置"的态度，把扭转苗疆形势当做最紧迫的大事，立即着手部署。他于雍正去世的第二天曾言："目前要紧之事，无有过于西北两路及苗疆用兵者！"表明他对苗疆用兵的特别关注。乾隆帝原就会同亲王、大臣在苗疆事务处办理，对其中情形

原委尤为熟悉，很快就上手，且
决心平定叛乱，告诫前线
将帅速速平叛，若不
然，"则伊等之身家不
足惜，而贻误国家军务之罪甚
大，朕必按法究治，断不姑贷"。

八月二十八日，乾隆帝降旨招回抚
定苗疆大臣张照，命湖广总督张广泗前
往贵州料理苗事。十月初二，又授张广泗
为经略，诏"自扬威将军哈元生、副将军
董芳以下，俱听张广泗节制调遣"，使清
军前线指挥权完全由张广泗统一掌握。
十一月，张广泗抵贵州战场，经一番调
整后，向弘历奏报清军用兵数月未能进

展的原因，弘历接到张广泗的奏折后，立即将张照、董芳、元展成撤职查办，哈元生罢扬威将军，以提督听命张广泗调遣，命张广泗兼任贵州巡抚，集军政大权于一身。十二月，张广泗率大军至凯里，命副将长寿出空稗，总兵王无党出台营，自率大兵出清江之鸡摆尾，三路大军每路各五千余人，同时出发。清军连破上九股、卦丁等苗寨，烧毁叛苗巢穴。乾隆元年正月，余苗退入牛皮大箐。

乾隆帝继位后，仅用一年的时间便彻底平定遍及贵州全省的苗乱。乾隆深知苗疆叛乱是有一点官逼民反的意味，攻苗疆容易，守苗疆难，要想苗疆安定，必须先收买苗族人心。他收复苗疆后采取了几项措施以抚慰苗人之心：第一，免除苗赋；第二，尊重苗俗；第三，实行屯田；第四，慎选苗疆守令，责令今后委任的官吏，必须公正无私，以减少苗民的抵触情绪。乾隆这些因地制宜的措施，使得贵州苗疆基本上安定下来。

清代康熙、雍正、乾隆三朝，最突出的成就是奠定了中国这样一个版图辽阔的多民族统一国家的基础。乾隆帝完成了对新疆、西藏行政体制的改革，加强了对这些地区的管辖，使我国的版图最后稳定下来。这时的疆域，东北至外兴安岭、乌弟河和库页岛，西北到巴尔克什湖和葱岭，南及南海诸岛，东括台湾及其附属岛屿钓鱼岛赤尾屿等。在这个境域之内，除顺天府和盛京外，还划有直隶（今河北）、山东、山西、河南、陕西、甘肃、四川、湖北、湖南、广东、广西、福建、江西、安徽、浙江、江

苏、云南、贵州十八行省，以及内蒙古、青海蒙古、喀尔喀蒙古、唐努乌梁海、新疆、西藏等几个边疆特区。国土辽阔和国势强大，边疆地区对清朝中央政府向心力日益加强，国内各族人民经济、文化的联系，都是以往任何朝代所不能比拟的。这是清王朝超过历代封建王朝取得的历史业绩。清代的大一统是中国历史长期发展的必然结果，但乾隆帝个人的作用也是不能抹杀的。

五、对外交往

（一） 土尔扈特部的回归

土尔扈特部是清代厄鲁特蒙古四部之一。元臣翁罕后裔。原游牧于塔尔巴哈台附近的雅尔地区，17世纪30年代，其部首领和鄂尔勒克因与准噶尔部首领巴图尔浑台吉不合，遂率其所部及部分杜尔伯特部和硕特部牧民西迁至额济勒河(伏尔加河)下游，自成独立游牧部落，但仍不断与厄鲁特各部联系，并多次遣使向清朝政府进贡。康熙五十一年（1712年），康熙帝派出图理琛使团，途经俄国西伯利亚，两年后至伏尔加河下游，探望土尔扈特部。乾隆二十一年（1756年），土尔扈特汗敦罗布喇什遣使吹扎布，借道俄罗斯，历时三载，到达北京，向乾隆帝呈献贡品、方物、弓箭袋等。

土尔扈特人自迁至伏尔加河下游后，不断反抗沙皇俄国的侵略与奴役。17

世纪60年代，俄国著名农民领袖拉辛领导顿河农民起义后，伏尔加河两岸土尔扈特人民纷起响应。17世纪末，土尔扈特著名首领阿玉奇汗率领部众积极支持巴什基尔人的起义。18世纪初，土尔扈特人民仍不断掀起武装起义，反抗沙俄在伏尔加流域的统治。乾隆三十六年，土尔扈特部首领渥巴锡(阿玉奇汗之曾孙)为摆脱沙俄压迫，维护民族独立，率领部众发动

了武装起义，并冲破沙俄重重截击，历经千辛万苦，胜利返回祖国。

乾隆非常重视和欢迎土尔扈特部回归伊犁。有的大臣却认为："自弃王化，按之国法，皆干严谴，事属可伤，实则孽由自作。"（《癸巳存稿》卷六）不主张抚慰。有的大臣说："以抢伊犁之故，其部众悼于远徙。"认为渥巴锡想趁准噶尔新亡，利用真空来抢伊犁，所以东归。作为清政府也有这样一种考虑，担心返归土

尔扈特部众重返故地后,会扰犯边地,破坏边疆刚刚获得的安宁。

乾隆三十六年三月二十四日(1771年5月10日),乾隆在得悉土尔扈特部归来消息的两天后,增派正在返京途中参赞大臣舒赫德,命其"在何处接旨就此立即返回伊犁,协助伊勒图(时为伊犁将军)办事,此去伊犁,不必声张,务必谨慎,伊到彼处,真有其事,可细心从事。(《满文土尔扈特档案》乾隆三十六年三月二十二

日折，第四十二件）。"

乾隆在得到舒赫德各种密报，及时得到了阿布赉汗向伊犁将军关于土尔扈特东归的报告和渥巴锡派格桑喇嘛快马向清政府的说明东归的报告，又认真听朝廷大臣的议论，在分析了这些大量材料后认为："土尔扈特部归顺，是因为俄罗斯征调师旅不息，并征其子入质，且俄罗斯又属别教，非黄教，故与全族台吉密谋，挈全部投中国兴黄教之地。"乾隆从当时土尔扈特实际处境来看："彼已背弃俄罗斯，岂敢与我为难，是其归顺十有八九，诡计之伏十之一耳。"他指示廷臣对土尔扈特东返的意图，不必多加疑虑。

然而清朝的廷臣和民间的野吏为了维护清政府的利益，仍然是众说纷纭，不时俱奏条陈。乾隆根据得到的情报，最后做出了符合实际的判断："明知人向化而来，而我以畏事而止，且反至寇，甚无

谓也。"并进而制定了收抚土尔扈特部落的方针。

乾隆得知渥巴锡率土尔扈特十六万余人从伏尔加河出发，而到达伊犁仅剩七万余，不足其半，并且牲畜衣物尽失，"冻馁尫瘠之形，时悬于目而恻于心"。他感到对土尔扈特部万里归来，不能仅停留在口头上给予欢迎，而且还应当切实解决他们面临的生活困难。他说："夫以远人向化，携孥挈属而来，其意甚诚，而其阽危求息，状亦甚急。即抚而纳之，苟弗为之赡其生，犹弗纳也。赡之而弗为之计长久，犹弗赡也。"乾隆说自己为此寝食不安，昼思夜想，了解困难详情，商讨赈济之方，无暇无辍，终于想出比较周密的解决办法。在乾隆的亲自布置下，清政府从陕西藩库贮银中调用二百万两运往甘肃购买物资。具体来讲，从游牧于伊犁、塔尔巴哈台、察哈尔的厄鲁特牧民中购买马牛羊九万五千五百多只，又从清政府直辖的达哩刚爱、商都达布逊牧群拨出牛羊十四万，要求张家口都统常青负责将牲畜送往伊犁。又调官茶两万余封，屯田仓米四万一千石，从甘肃边内外及南疆各城购羊裘五万一千件，布六万一千匹，棉花

五万九千余斤，毡庐四百余具，命陕甘总督吴达善和陕西巡抚文绶具体负责购买和运送这些物资，伊犁将军伊勒图负责物资发放事宜。乾隆要求伊勒图务必做到"口给以食，人授之衣，分地安居，使就米谷，而资耕牧"，保证归来的广大牧民建立起新的家园。此外，乾隆皇帝还连续八年免除土尔扈特部赋税。直到1871年，国家百年未征土尔扈特部兵丁。

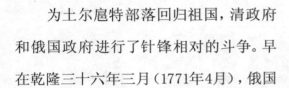

为土尔扈特部落回归祖国，清政府和俄国政府进行了针锋相对的斗争。早在乾隆三十六年三月（1771年4月），俄国政府致函清政府，如土尔扈特叛逃到大清，要求送还。乾隆作了认真考虑

后指出，土尔扈特部为清朝臣子和人民，清朝理应安置，我们也绝不会送还给你们。

理藩院在乾隆三十六年七月四日（1771年8月13日）致俄国萨纳特衙门（枢密院）的咨文中明确宣称："土尔扈特渥巴锡等并非我们武力征服归来我国的，

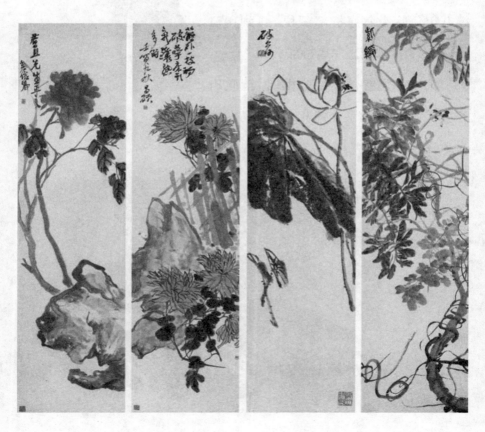

也不是我们从俄罗斯设计骗来的，是他们居住在俄罗斯忍受不了你们俄国政府压迫，希望得到我们皇帝的恩典，愿意做我国的臣民，精诚寻求来的，既然是如此恭敬顺从归附清朝，难道还有交给你们俄国治罪的道理吗？这是绝对不可行的事情。"（《满文土尔扈特档案》乾隆三十六年七月四日折）

1772年8月12日，俄国萨纳特衙门再次行文清政府理藩院，要求将土尔扈特部交予俄方，甚至以武力威胁。理藩院即于乾隆三十六年七月八日（1771年8月17日）复文：第一，俄国来文称，邻近各国都没有容留别国属民的例子，清政府不应容留土尔扈特人。 第二，俄国政府来文称，将俄国杜丁大尉等一百五十名俘虏放回。　第三，俄国政府来文称清政府如不满足俄国的要求，就是不信守和平友好的誓言，恐怕要战争不停，人民没有安宁定居的日子。清政府答复或者用战争，或者用和平，我们清朝政府就看你们俄国政府自己拿主意了……我们大清朝皇帝只有想安慰扶养人民大众，一定不肯轻信别人说什么废除和好的信约，你国如果想违背抛弃以前的协议，那就请便吧！表明清政府信守《尼布楚条约》，绝不会屈服于俄国的武力威胁。

同时清政府通知伊犁将军舒赫德和渥巴锡，指出俄国政府来文的诬蔑和妄想的不实之词，说明来归的土尔扈特部人民绝对不可能再送还给俄国的道理。清政府在这次外交斗争中，义正词严，不怕威胁，致使俄国的无理要求彻底失败。

（二）马戛尔尼入觐

　　乾隆面对西方殖民侵略采取强硬的态度，断然拒绝殖民者的无理要求。对于诚意遣使来华的国家，乾隆则采取友好态度，但仍然一律拒绝通商。

　　整个18世纪中叶，乾隆面临着日益强大的西方列国的威胁和不断增长的国际贸易的压力，但依然盲目沉浸在自己"中央之国"的地位中。在这种情况下，中英

两国一次较大的文化冲突到来了。

乾隆五十七年（1792年）九月，由前驻俄公使、孟加拉总督马戛尔尼率领的由科学家、作家、医官及卫队等九十人组成的使团，携带天文仪器、车船模型、纺织用品和图画等六百箱礼品，乘船自朴次茅斯启程。使团带有英王庆贺乾隆帝83岁寿辰的信函和国书。

乾隆帝对英使首次来华极为重视。1793年8月，马戛尔尼一行抵达大沽，旋由接待大员陪同经北京前往热河(今河北承德)行宫。关于觐见礼节，马戛尔尼拒绝行跪拜礼。军机大臣和珅在热河约见使团，马戛尔尼称病不见，只派副使斯当东前往要求举行谈判。乾隆帝称该使"妄自骄矜"，对其来华别有所图，更具戒心，但仍表示可"顺其国俗"，行免冠屈一膝深鞠躬礼。

1793年9月14日，马戛尔尼在承德避暑山庄万树园觐见乾隆帝，正式递交国书并参加万寿节活动。马戛尔尼多次想与其讨论两国贸易和建交问题，均无结果。10月3日，英使提出书面要求六点：准英商在舟山、宁波、天津等地贸易；准英商在北京设货栈；于舟山附近指定一小岛，为英商停泊、居留、存放货物

之所；在广州附近辟一地，准英商享有与上款相同的权利；英商在澳门、广州内河运货得免税或减税；粤海关除正税外悉免其他一切税收，中国应公布关税额例，以便遵行。

乾隆以所请与"天朝体例"不合，一一驳回，并说"天朝物产丰盈，无所不有，原不藉外夷货物以通有无"，警告英人不得再到浙江、天津贸易，否则必遭"驱逐出洋"。至此，马戛尔尼的使命归于失败。10月7日，使团一行乘船由运河南下杭州，然后改行陆路至广州离境，于次年9月回到英国。

马戛尔尼在回程路上写的"纪事"中

说："我们的许多书里都把汉族和鞑靼族混淆了，好像他们是一个民族。可是清君却在时刻关注着这权力的诞生地。""在热河，鞑靼皇帝从他们祖先的传统中汲取营养。这时他们并不是完全在中国，也不仅仅只是在中国。""两个世纪过去了，换了八个或十个君主，但蒙古人还是没有变成印度人；过去的一个半世纪也没有把乾隆变成一个中国人。"

马戛尔尼归国后将自己清帝国一行写成游记，对乾隆治下人民生活穷困，思想愚昧多有记载，其得出结论："清政府的政策跟自负有关，它很想凌驾各国，但目光如豆，只知道防止人民智力进步。满洲鞑靼征服以来，至少在过去一百五十年里，没有改善，没有前进，或者更确切地说反而倒退了。当我们每天都在艺术和科学领域前进时，他们实际上正在变成半野蛮人。一个专制帝国，几百年都没有什么进步，一个国家不进则退，最终它将重新堕落到野蛮和贫困状态。'清朝'不过是一个泥足巨人，只要轻轻一抵就可以把他打倒在地。"

六、骄奢生活

（一）六下江南

乾隆帝秉政时，清朝的统治达到了鼎盛的阶段，经济已经恢复并有较大的发展。到乾隆中期，全国耕地面积已经超过明末耕地的最高数字，达到六百余万顷，比顺治末年增加了三分之一左右。已经拥有了两亿多人口。随着商业的发展，城市也日趋繁荣。社会财富大量积累起来，统治阶级追求享乐之风也日盛一日。

皇帝居于封建统治的最高层，饮食服御，骄奢淫逸，达到了惊人的程度。

乾隆帝即位后便效仿祖父康熙帝，六下江南考察民情。

康熙皇帝的六次南巡旨在检查堤防和了解东南地区的社会和民生疾苦，每次都很俭朴。而乾隆南巡，虽然不能完全否定其对巩固政治的作用，但他更偏重游

山玩水，奢侈豪华，所花费用超过了康熙十倍，不仅加重了百姓负担，还造成了奢靡的社会风气。乾隆帝的南巡集团声势浩大，每次都在万人以上，所到之处大肆铺张，修行宫，搭彩棚，办酒宴，极尽奢侈糜费。自北京到杭州，往返六千余里，途中建行宫三十处；每隔二三十里设尖营。巡行队伍沿运河南行，船只千余艘。随行的有后妃、王公、亲贵、文武百官以及担任警卫扈从的大批士兵。帝后妃嫔乘坐的御舟，用纤夫三千六百名，分六班轮流拉纤。搬运帐篷、衣物、器具，动用马匹六千匹，骡马车四百辆，骆驼八百只，征调夫役近万人。不仅地方官要进献山珍海味，土产方物，还要从全国各地运来许多食品，连饮水都是从北京、济南、镇江等地远道运去的泉水。

江苏学政（教育厅长）尹会一曾上奏章说南巡造成"民间疾苦，怨声载道"，乾隆大为光火："民间疾苦，你指出什么地方疾苦？怨声载道，你指出什么人载道？"被乾隆封为"满清第一才子"的皇家教师纪晓岚曾趁便透露江南人民的财产已经枯竭，乾隆怒不可遏："我看你文学上还有一点根基，才给你一个官做，其实不过当做娼妓豢养罢了，你怎么敢议论国家大事？"

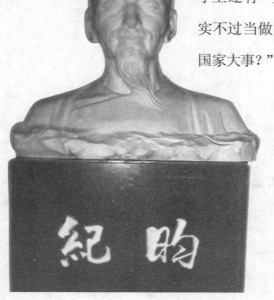

纪 昀

（二）兴建、维护皇家园林

乾隆除了下江南游荡猎奇外，还大
兴土木，花费巨资修建了不少宫殿、园林
和寺庙。雍正时开始扩建圆明园，乾隆帝
即位后又花费大量人力、物力和财力增
修扩充，许多景观是仿照江南园林修建
的。东造琳宫，西增复殿，南筑崇台，北
构杰阁，说不尽的巍峨华丽。又经文人学
士，良工巧匠，费了无数心血这里凿池，

那里叠石，此处栽林，彼处莳花，繁丽之中，点缀景致，不论春秋冬夏，都觉相宜。又责成各省地方官，搜罗珍禽异卉，古鼎文彝，把中外九万里的奇珍，上下五千年的宝物，一齐陈列园中，作为皇帝家常的供玩。为皇太后60岁生日修建的清漪园（颐和园的前身），工程历时十五年，耗费白银近四百五十万两。承德避暑山庄和周围宏伟的寺庙群（指外八庙），

大部分也是乾隆时期修建的。仅须弥福寿之庙和普陀宗乘之庙的鎏金铜瓦就用去黄金三万两。乾隆后来也感到南巡和营建过于耗费民力，他说："朕临御四十余年，凡京师坛庙、宫殿、城郭、河渠、苑囿、衙署，莫不修整。皆物给价，工给值。然究以频兴工作，引为己过。"尽管乾隆帝承认糜费太大，但他晚年仍复如此。

这些皇家园林，无不体现着清代园林文化的辉煌，是园林艺术史上的一串串璀璨的明珠。除圆明园被八国联军焚毁外，其他多成为世界文化遗产。

七、盛极转衰

（一）重用和**珅**珅珅

　　和珅是一位侍卫出身的满洲花花公子，因为特殊的机缘受到乾隆的信任和重用。在乾隆统治的后期把帝国的行政大权交给了他，擢升他为大学士、军机大臣兼首都治安总司令（九门提督）。和珅有着绝顶的小聪明，熟谙做官技巧，用肉麻的诌媚和恭谨的外貌，把自以为英明盖世的乾隆玩弄于股掌之上。和珅只会贪污和弄权，对乾隆重用他的回报是在全国建立一个史无前例的贪污系统，把清帝国的墙基掏空。全国官员发现，如果不向上级行使巨额贿赂，就要被无情地淘汰出局，甚至被投入监狱，他们不得不适应这一形式。乾隆死后，和珅也跟着倒台，查抄他的家产折合白银九亿两，相当于全国十二年财政收入的总和。如果包括他挥霍掉的和亲人贪污的款项，总数应该不下二十年的财政收入，和珅当权刚好二十年！清朝在他手上由盛转衰。

为了冲淡武夫形象，他极力附庸风雅，舞文弄墨，写了几千首诗，收藏历代书法精品，到处题字，仿佛是一个极有文化修养的儒雅之士。然而，在这些表象掩盖下，他的另一面却是一个文化专制主义的狂热推行者。帝制时代的独裁君主都推行文化专制主义，而以清朝为最甚，清则以乾隆为最甚。

乾隆帝之所以如此重用和珅，主要是因为和珅此人确实有才，他从官学毕业后考过一次科举，落第之后就听从其岳父的意见去选了侍从，有一次乾隆用《论语》中的一句话来下旨，"虎兕出于匣"，当时在场大臣都不明白什么意思，和珅启示说是皇帝要追究看守人的责任，被乾隆赏识。和珅被乾隆重用初期，确实做过几件令乾隆高兴的事情，审判李侍尧时，在乾隆心中留下了清正廉洁的印象。而且和珅在官学内苦读，掌握了汉、满、藏、蒙语，在关键时刻总能发挥作用，深得乾隆喜爱。还有一次乾隆在看《孟子》，天色已暗，乾隆看不清书上的注，就命和珅掌灯，当时和珅就问皇上是哪一句，乾隆告诉他之后，和珅就把书上的注全部背

了出来。据传说和珅长相清秀，乾隆觉得
其酷似被处死的一个妃子，故而重用和
珅。和珅擅长拍马屁，在乾隆日益昏聩的
老年，越来越听不进忠言，又好大喜功，
自诩"十全老人"，认为自己能够及得上祖
父康熙和父亲雍正，而和珅就用此来麻
醉乾隆。　而且，和珅知道乾隆深深地爱
戴他的母亲，所以和珅就竭尽浑身解数
来讨好皇太后，特别是在皇太后归天的

时候，和珅不是像其他大臣一样说几句
无关痛痒的话，而是时刻陪在乾隆身边，
痛哭流涕，一连几天，茶不思，饭不想，赢
得了乾隆的好感。和珅的敛财技巧可谓
炉火纯青，能为老年乾隆的无限制挥霍
提供财源，在乾隆几次下江南的过程中，
和珅的捞钱本领给乾隆带来了想不到的
好处。

（二）十全武功

乾隆帝本身具有优秀的文学功底，但除了炫耀他的"绝世文才"外，还挖空心思渲染他的"盖世武功"。乾隆帝曾得意地自封为"十全老人"，有如下功绩：两次跟蒙古准噶尔部交锋。这虽然捍卫了大清的天威，阻止了准部的分裂活动，但也使蒙古厄鲁特四部的人畜损失极为惨重，有些部落余者竟不及原来的十分之一；　一次平定回部叛乱。此役清军确有上佳表现。而更重要的意义还在于：至

此清朝加强了对新疆的统治，并大大巩固了西北局势；剿灭大小金川叛乱两次。这次旷日持久的山地攻坚战，锻造出了清中期一支著名的特种部队——西山健锐营；在另外一次战役中，福康安率军渡海登岛作战，大获全胜。尤其是清军悍将海兰察手下的两千巴图鲁（满语"勇士"的意思），战斗力极为惊人，当他们遭遇起义军的埋伏时，面对枪林箭雨竟无一人后退，反而拼死向前！起义军从未见过这么不怕死的官兵，于是阵脚大乱；收降缅甸、安南各一次。这是两次清朝对藩属国发起的战争，都吃了不小的亏，人员辑

重损失也很惨重，而决定性的胜利却根本没有取得！只是到最后，这些国家感觉惹不起清朝，怕激起中国更凶狠的报复，于是一个个首先服软，上贡品，递顺表。最后还有两次，是对廓尔喀用兵。这两回战争倒还名正言顺，其重大意义也颇值得后人纪念。首先是稳固了我国西南边陲；其次是团结了藏族人民，维护了大一统局面；再次就是狠狠教训了素称强悍的廓尔喀人。

乾隆帝最大的功绩是征服准噶尔汗国，开辟新疆省。在十全武功中分为三个——平准部、再平准部、平回部。一百九十万平方公里辽阔疆土的开辟——仅此就足以成为中国历史上不可磨灭的丰功伟绩。但是乾隆帝的"十全武功"，情况不同，性质各异：有镇压民变，有平息叛乱，有扬威耀武，有小题大做，有得不偿失，有多管闲事，有维护正义，有反击侵略。

（三）亏空国库

乾隆帝过着锦衣玉食般的豪华生活，影响整个社会风气由俭入奢。满洲亲贵、汉族官僚、大地主、大商人，无不挥金如土，竞相奢靡。封建社会的盛世，必然蕴藏着走向衰落的危机。骄奢淫逸之风正是社会衰败和动荡的反映。

乾隆帝即位初期，国库丰盈，贮存常达七八千万两白银，甚至超过了康雍两朝。但是长期且巨大的贪污腐败、数次远征、诸多宫廷建造、个人六次南下、历次平叛、缓慢滋生的鸦片以及个人浮华奢侈的生活，消耗了大量白银。1796年乾隆退位时，几乎所有的国库资金被挥霍一空，使盛极一时的清王朝开始走下坡路。

（四）白莲教起义

白莲教，一个民间宗教组织。据传说，1133年，由茅子元创立，因教徒"谨葱乳，不杀不饮酒"，故又名白莲菜，后逐渐演化为民间社群组织白莲教。

南宋时期，该教因是佛教分支，故影响不大。元朝时期，教内发生分歧，其中一派开始反抗元朝统治。元顺帝十一年，元朝政府强征民夫堵塞黄河决口，引发了全国规模的红巾军大起义，红巾军即与白莲教有密切的关系。明初朱元璋多次取缔白莲教。清入关后，白莲教徒以反清为己任，倡言"日月复来"，举起反清复明的旗帜，从而遭到清朝镇压。清顺治、康熙、雍正、乾隆时期，白莲教活动频繁。嘉庆年间白莲教与地方人民结合，引发川楚教乱。

楚陕三省边境地区是一片原始森林地带,历来为被迫离开土地的流民聚集之所。乾隆三十七至三十八年(1772—1773),川、楚两省饥民来此觅食者达数十万。加上来自河南、安徽、江西等省的流民,总数不下百万。该地土壤瘠薄,气候恶劣,流民除搭棚佃耕土地外,还需受雇于木箱厂、铁厂、纸厂,获取微薄工钱,方能生存。他们不仅受地主、厂主的剥削,还要受差役、讼棍的勒索,生活极为艰难。绝望中的流民便成了白莲教传播的对象。

白莲教是明清时期主要的秘密宗教,崇奉"无生老母"与"弥勒佛",以"真空家乡，无生老母"为八字真诀，使人们在精神上得到一定寄托，对于处在水深火热之中力图摆脱现世的流民来说，具有很大的吸引力，因而从者日众。

　　乾隆后期，各种社会矛盾激化。官僚、地主、富商大肆兼并土地。人口激增、耕地不足，导致粮价猛涨、饥民日众。加以封建统治阶级生活奢侈，贪官污吏横行，人们不满和反抗情绪日增，白莲教的宣传也随之增加了反抗现实的内容。乾隆三十九年，教首樊明德在河南向教徒提出已到"末劫年"，将要"换乾坤，换世界"。刘松、刘之协、宋之清等在湖北、四川、安徽等地传教时，又提出"弥勒转世，当辅牛八"（牛八即朱字拆写，暗指明朝后裔），宣称"黄天将死，苍天将生"，入其教则可免一切水火刀兵灾厄。入教后，"教中所获资财，悉以均分"，习教之人，"穿衣吃饭，不分尔我"，"有患相救，有难相死，不持一钱可周行天下"等。这种宣传既符合小生产者平均、平等和互济互助的要求，又满足了他们反抗求生的愿望。因此，到乾隆末年，白莲教已发展成一支强大的势力，并酝酿举行武装起义。

乾隆六十年，湖北各地白莲教首，秘商在"辰年辰月辰日"（嘉庆元年三月初十）共同起事，让教徒制备刀把火药。白

莲教的迅速发展和其反清的思想，引起了清政府的严重不安，遂下令大规模搜捕白莲教徒。大批教首、教徒被捕遇害，地方官则以查拿邪教为名，行敲诈勒索之实。"不论习教不习教，但论给钱不给钱"，"不遂所欲，即诬以邪教治罪"。各地教首遂以"官逼民反"为口号，号召教徒奋起反抗。嘉庆元年正月初七（1796年2月15日），湖北宜都、枝江一带首领张正谟、聂杰人等因官府查拿紧急，被迫

提前举义。长阳、来凤、当阳、竹山等县教徒接踵而起。三月初十，襄阳地区的教徒，在王聪儿、姚之富等率领下，按原定日期起义。各路起义军，互不相属，各自为战，所据山寨或县城，多被清军各个击破。唯有襄阳起义军采取流动作战的策略，力量迅速壮大，成为湖北起义军的主力。在湖北白莲教起义影响下，四川各地的白莲教徒也纷纷响应。九月，达州教首徐添德，东乡（今四川宣汉）教首王三槐、冷天禄等皆各率众起义。

嘉庆二年（1797年）初，襄阳起义军又开始了大规模流动作战，转战于湖北、四川、河南、陕西，后分为三股力量进入四川。清军尾随其后，疲于奔命。七月，四川起义军被清军围困，襄阳起义军赶到解围，在东乡（今四川宣汉）与四川起义军会师。各路起义军按青、黄、蓝、白分号，设立掌柜、元帅、先锋、总兵等职。然而，小生产者固有的分散性与保守性，使

起义军并未真正联为一体，各股仍然各自为战，分散行动。

嘉庆三年（1798年）襄阳起义军在湖北郧西被清军包围，首领王聪儿、姚之富跳崖牺牲，余部仍继续斗争。四川起义军也受到重大损失。但在嘉庆五年三月以前，起义军处于发展、壮大阶段。起义军因得到各地人民的支持，所到之处，"有屋舍以栖止，有衣食、火药以接济，有骡马刍草以夺骑更换"，且有各地教徒"为之向导负运"，多次重创清军，嘉庆五年四月四川江油马蹄冈战役以后，起义开始转入低潮。人数从十几万减至

几万人，许多重要将领相继牺牲。清政府的"坚壁清野"与"寨堡团练"之策，已逐渐推广并发挥作用。通过筑寨堡、并村落，令百姓移居其中，将民间粮秣给养充实其内，又训练丁壮，进行防守，从而切断了起义军同人民间的联系，使之无法得到粮草与兵源的补充，力量日渐枯竭。嘉庆六年，起义军活动基本上只限于川楚陕边境地区，转战在群山老林之中，人数已不超过三万人，而围剿的清军，则十倍于此。起义军在极端艰苦的条件下，坚持战斗，至嘉庆九年九月，起义终告失败。这次起义使清王朝元气大伤，此后清王朝的统治逐渐走向衰落。

（五）提前退位

乾隆皇帝在即位时曾焚香高天："若蒙昊苍垂佑，得在位六十年，即当传位嗣子，不敢上同圣祖康熙纪元六十一年之数。"他遵照雍正帝胤禛密建储位之法，初以次子永琏为皇位继承人，所书密置于乾清宫正大光明匾后。两年后，永琏病殇；以后又想传位皇七子永琮，永琮也早逝。乾隆三十八年（1773年）他决定以皇十五子为嗣子，因为两次建储遭到挫折，这次他特地郑重其事地祭告上苍，并

祭告盛京祖陵。乾隆六十年（1795年），此时的乾隆皇帝已经85岁了，他下诏谕正式册立皇十五子为皇太子，于次年正月初一举行传位仪式。届时，乾隆皇帝御太和殿宝座，亲自将宝玺授予嗣皇帝，颁发传位诏书，改元嘉庆，自己退位为太上皇。这时嘉庆帝已经37岁了，乾隆皇帝仍然紧紧抓住军国大事和用人行政大权，躬身处理，嗣皇帝只能"朝夕敬聆训谕"。

乾隆皇帝当了三年的太上皇，嘉庆四年（1799年）正月初三日辰刻病卒于养心殿，终年89岁，谥曰"纯皇帝"，庙号高宗。同年九月葬于河北遵化马兰峪。

八、历史评价

　　乾隆皇帝在位六十年。在他在位期间，平定了准噶尔的叛乱和大小和卓木分子，以及大小金川土司的武装分子的分裂活动，加强了中央政府对西部地区的控制和管理。乾隆皇帝严词拒绝了英国使臣的无理要求，打击了西方殖民者的侵略野心。在封建文化方面，乾隆皇帝也取得了巨大的成就。他开设博学鸿词科取士，修成《明史》《续文献通考》《皇朝

文献统考》和《四库全书》等鸿篇巨著。乾隆一生喜文好诗，作诗数以万计，又精通武术。其政特点是"宽猛相济"。他在位时期，平定新疆、蒙古，还使四川、贵州等地继续改土归流，人口不断增加，开创了中国封建社会最后一个盛世——"康乾盛世"，强大的中国屹立于世界的东方。其文治武功在历朝历代帝王中少有，故自称为"十全老人"。

乾隆皇帝生逢清朝政权稳固、经济繁荣的盛世，他一改康熙时对汉族文人

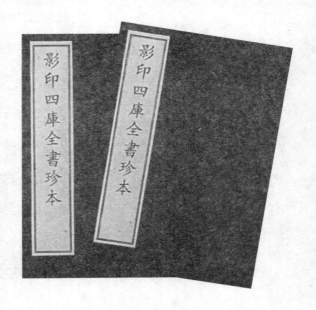

的笼络政策，大兴文字狱，加强思想文化专制统治。改变康熙朝注重兴修水利、注意节俭的作风，追求奢华，到处巡幸，尤其是六次南巡，挥霍无度。大肆搜刮民脂民膏，在他的带领下，统治阶级贪污腐败，索贿兼并，百姓生活十分贫苦，据说甚至出现了人吃人的惨剧。尤其是其晚年重用大奸臣、"贪官之王"——和珅，使清朝国库逐渐虚空。致使阶级矛盾不断激化，各地不断爆发起义斗争。

乾隆一朝是清朝政治、经济、文化的鼎盛时期，也是由兴盛转向衰弱的时期。处在这一时期的乾隆皇帝，既有其维护国家统一、适应社会前进潮流的成就，也有其加强专制统治、阻碍历史发展的罪过。